La asfixia de las flores

ANA PASCUAL ZURRIAGA

Aliar ediciones

Corrección: Eladia Guerrero
Diseño de cubierta: Ana Pascual Zurriaga
Maquetación: Aliar Ediciones

Depósito Legal: GR 1423-2024
ISBN: 978-84-10374-81-2

Impreso en España

Edita
ALIAR Ediciones
www.aliarediciones.es
info@aliarediciones.es

La asfixia de las flores

ANA PASCUAL ZURRIAGA

No hace falta mucha tierra para florecer.

PRIMAVERA
Qué urgencia tiene la tierra
por olvidar el invierno.
Así, en un parto múltiple
brotan las flores.

SOLA
y tú ahí,
en medio de este desierto
vestida para la ocasión.
Luego vendrá la vida
y te arrancará la ropa.

INTERIORES

En el fondo
de una habitación roja,
conviven lo masculino
y lo femenino.

La rosa, cuantas más espinas, más hermosa.

LA LLUVIA
reblandece mis pedazos,
germina mis palabras.
Antes de ser yo
fui solo amor.
Ahora sé que
no soy nada.

NO SABÍAS nada del amor
y te arrojaste a las fieras,
ellas devoraron tu carne
y dejaron como testigo
tu vestido rojo
de primavera.

ECLIPSE

Hay entre tú y yo
una sombra que habita
mi mediodía.

TRÉMULA mano
¿me quieres o me hieres?
Mata la flor.

CUANDO el perfume
se queda sin piel,
la flor muerta
envuelta en su sudario
cuelga su disfraz.

ANTES de perecer
muéstrame tus estigmas
de amor amargo,
donde un día el placer
consumió la vida.

ROMPERSE
en los márgenes
ignorados,
sin ocultar la inocencia
de la infancia.
La fecundidad
que trae la lluvia.

CUANDO te fuiste
plegué todas mis velas.
Ahora mástil soy.

SELECCIÓN

Tanto tiempo esperando.
En la maceta
solo hay sitio para dos.
Tuve que quitar un geranio.

ELLA sabe
que es luz de hoguera,
herencia del bosque,
larva de carne.
Ella es herrumbre
y cuando la miras
se convierte en fragua.

Qué amargo se vuelve el cáliz al perder la inocencia.

PRIMERO llega el azahar,
cada flor que sobrevive
se convierte en fruto,
luego, la rama paciente
que lo sostiene.
Jugábamos en círculos
como las abejas,
crecimos y aprendimos
a esperar la primavera siguiente.

ME ALIMENTO de esperanza
para prolongar mis sueños.
Después de tanto tiempo,
me he dado cuenta
de que las amapolas no necesitan mapa,
brotan aisladas en cualquier lugar.
Para que no tropieces con ellas
se disfrazan de mujer fatal
y te advierten del poder
narcótico de sus ojos.
Se defienden como pueden
de las malas hierbas
y sobreviven a la hostilidad.

TAN SOLO el viento
acaricia la rosa
sin lacerarse.

LA VIDA fugaz
cuando enmudece el alma
se vuelve vacua.

La poesía nace en el abandono.

VENDRÁS
y no me encontrarás,
ni siquiera reconocerás
mi rostro.
Fui la última amapola,
la de la herida abierta
invisible
al resto de los ojos.

Los poemas tiran de mí como un niño prematuro.

SI TODAVÍA existen las palabras
disfrázate de poema para mí,
escóndete del mundo
entre mis ruinas.
Mis pies mojados de tierra húmeda
ampararán el resto de tu vida.
Una nueva estatua de la libertad
crece al otro lado de la alambrada,
sin antorcha y de pétalos abiertos.
Si todavía existen las palabras
disfrázate de poema para mí.

Hazme sitio en tu poema, entre verso y verso.

NUNCA dejes que se manche
un folio no escrito,
porque él siempre aguarda
la pureza de la palabra.
Hazle el amor,
trátalo como a tu propia piel,
mírate en él y escribe
lo que nunca has dicho.

UNA FLOR llora
en los límites del jardín.
Vivo destierro.

NO HAGAS leña
del árbol caído
que tumba estéril
la sequía.
Todos llevamos dentro
una primavera muerta.

ESPERO que el sol
nunca se canse
de lamer mi espalda.
Que la tarde se vuelva carnívora
y me deje en los huesos.
Que la noche me envuelva
en sus sábanas oscuras
y si amanece otra vez,
empezar de nuevo.

LA TERNURA es
entre el cielo y la tierra
correspondencia.

LA FLOR del azahar
se vuelve templada
cuando mendiga en mi mano.
Caída infantil
de sus primeros pasos,
se rinde al temblor de la rama
que se anticipa al fruto.

Un poema nunca debe de morir en el papel.

SIN SABERLO, tú también
formas parte del paisaje.
En la otra parte
siempre hay alguien
que ve en ti
parte del horizonte.

LA ROSA
es sinónimo de belleza,
la verdad amada
saciada de deseo
que se extiende
y ofrece en su interior
la certeza, el beso contenido.
Ajena a la tormenta transforma
el racimo espeso de tu pelo
en semillas del vacío
que el viento reduce
a partículas de tiempo.
El olvido.

El amor siempre crece en tierra de nadie.

ECHO de menos
la caída inminente
del bosque seco.

TODO ese caudal de ingenuidad,
escalábamos a ciegas
entre las hebras de lo desconocido,
aquel tacto infantil
salpicado de buganvillas,
escondites todavía por descubrir.
Confundir nuestra torpeza con la experiencia,
advertir que en la insignificancia
está la respuesta,
que las flores nos hablan
y su roce se confunde con papel,
fragilidad que delata
su inocencia.

NO VOLVERÉ
a ser la niña
de ávidos ojos,
cuando dejé de pisar charcos
supe que era mayor.
Ahora ya no llueve.

Todos necesitamos de sequías para valorar el agua.

ANHELOS

Habito
en el jardín ordenado
de los setos podados,
de las gamas de colores,
de los riegos controlados,
de la tierra parcelada,
de los dueños de las flores.
Sueño
con la selva alborotada,
con lluvias torrenciales,
con la hiedra invasora,
con los árboles frondosos,
con la tierra sin medida.
Soy
raíz rompiendo tiesto.

Un jardín no cabe en una maceta.

ABRE
la rosa de Jericó
su vida al agua.
Sacra flor
latente
emerge
de su letargo.
Ave fénix
que florece.
Encierra
en sus esporas
el secreto
de Oriente.
Talismán
perenne
que transmuta
el tiempo.

PODER innato
creador que atesoras
en tu cáliz.

HABITO
en la lejanía
de tu invierno.
Sola te siento.
Reconozco tu lavanda
entre miles de espliegos.
Ofrezco a tus manos
mi barbecho,
tierra dispuesta
a la siembra
de tus versos.

REPOSA en mí
tu piel difusa
como seda.
Discurre lenta.
Se extiende.
Quema.

Es la infancia semillas de amapola que esparce el viento.

HUIDO
el sabor de tus besos,
sopla la negrura
en el légamo
hundido.

NUNCA deseches
la fruta rota
caída al suelo.
Tal vez el árbol
la soltó
antes de tiempo.

Nunca sé dónde termina la rama y empieza la hoja.

UN PENSAMIENTO
mariposa con raíz
detiene el tiempo.

HAY una selva
que brota imparable
dentro de cada mujer.
Una selva
que acumula
atmósferas encendidas
y navega a la velocidad de la luz.
Hay vetas abiertas
plagadas de senderos rojos
que no se pueden contener.
Hay goteos febriles
que discurren entre vaivenes
por los bordes del amor.
Hay demoliciones
entre miradas de niños
que destilan pureza.
Hay cartas sin destino,
besos envasados al vacío
que esperan transformarse
en poema.

La mentira es una flor artificial.

MALEZA

Hija de la lluvia
viajera del tiempo.
Como la mala hierba
quise habitar en tu huerto,
enredarme en tus raíces,
beber de tu agua,
crecer en tu suelo,
de tu savia me alimento.
Me arrancas,
alterando el orden reaparezco.
Me abrazo a tus espinas,
me fundo en tu lamento.
Como la mala hierba
muero desterrada
del jardín de tu cuerpo.

VOLCÁNICA flor de otoño,
brotas entre cráteres abiertos,
esencia gris que adolece.
Suturas con tu lava
las heridas del tiempo.

GUARDÉ en papel de calco
mi mirada.
Sin futuro, envuelta en presente
te regalé las caléndulas tempranas.
Con solo cuatro notas
te compuse una balada.
Y ahora pretendes
que amontone las piedras
de nuestra casa
donde crecieron las rosas,
y que la lluvia empañe nuestra ventana.

La lluvia suena igual en todos los idiomas.

ES IMPOSIBLE evitarte,
me devoras con tus malvas
y casi me vuelvo loca.
Deshacerme y filtrarme suavemente
como una hebra de seda
entre tus ramas.

DESLEÍDA
como almíbar
en tu boca
permanezco
en tu noche oscura.
Recupero mi fragancia,
crisantemo inesperado
que traduce
mi otoño
en partituras.

Papiroflexia: las flores de papel no tienen sed.

NO QUIERO ser
una flor de papel,
sin vida, estéril, sin aroma.
El adorno de una estancia olvidada.

Origami: rosa de Kawasaki que inerte duermes en una hoja de papel.

SAKURA, nívea flor
de alma abierta,
fragilidad extrema.
No llegará el otoño
a marchitar tu presencia.
Misterio del sol naciente.

Todos los cerezos se han puesto de acuerdo
en salpicar de color nuestra esperanza.
Abril se rebela, se transmuta en un mar de flores rosas y blancas,
luego se asomarán las cerezas de dos en dos.

ME ABRO paso a través
de tu piel.
Me pierdo,
en tu pulpa amarga,
extensa.
Lengua de miel
que suaviza
tu aridez.
Enciendo mi luz
en tu invierno.

Las flores en noviembre huelen a ausencia.

ES TIEMPO de regresar
a la tierra madre,
de acomodarse
y dejarse mecer.
Sentir su tibieza,
su llanto escondido.
Verter las purificadoras lágrimas
en su abismo.
Atravesar el portal,
como una luna menguante,
abandonar el jardín
de los frutos prohibidos.
Es tiempo de regresar
a la tierra madre.

TAMBIÉN el árbol
supura en su quietud,
se rompe y llora.

ME GUSTA SER OLVIDO

La letra pequeña de un contrato,
la vía muerta de una estación de tren,
el punto suelto de tu jersey de lana,
el paraguas perdido en la última tormenta.
Olvido soy, hasta cuando me recuerdas,
en las hojas en blanco de tu cuaderno,
en tu galería de fotos,
en la percha vacía detrás de la puerta,
en la flor prensada entre tu libro de poemas,
en el encendedor sin gas,
en el reloj sin pilas que se quedó
en el cajón de la cocina,
en el caballito de mar que se secó
el último verano,
en las cuentas del collar de perlas
que cayeron al suelo.
A veces me olvido
hasta de mi propio olvido.

Si no tienes corazón yo te lo pinto.
Pero lo que no puedo pintarte, amor,
son tus latidos.

SI VIVIÉRAMOS en un país inventado
este sería mi cuento.
No fue fácil conquistar tu corazón,
una vez me perdí en tus espinas
y me hice daño.
La ingenuidad
me hizo arrancarte de la tierra.
Esta quietud tuya
me acerca a tu alma.
Encontré entre tus pétalos
mi demolición
y descargué en ellos mis dudas.
En tu seducción
busqué mi consuelo
y en tus lágrimas
de absoluta pureza
encontré la calma.
Descubrí en mi carne
una sucesión de lienzos que emanan
el más puro de los poemas.

El espejo nunca miente, siempre te devuelve la verdad.

RECUERDOS

El amarillo es el color de la infancia.
Recuerdo los días de postales sin viajes,
margaritas con exceso de polen
a punto de reventar.
El sol horneando la hierba verde,
el trasiego de las abejas
perpetuando la vida.
El peso de los limones
venciendo las ramas.
El color de tu sonrisa inocente
pintada con un lápiz de madera,
el sabor cítrico de un beso robado
después de la merienda.

No existe principio ni fin, recordar es frenar el tiempo.

LEJOS de casa
el girasol resiste
en su ceguera.

UNA NIÑA huérfana
en medio de la tempestad,
la seda de las nubes
cayendo sobre mis ojos,
como el telón que baja despacio
después de cada función.
Así llega el otoño,
arrullándome en su terciopelo ocre,
inclinándose sobre el eje
de todas las cosas.
Meciéndose las hojas ingrávidas
hasta tocar el suelo
en un deseo apacible
de una muerte simulada,
de un ángel caído del cielo
sin ganas de volar.
Un volver a empezar,
un inicio que espera
detrás de la cortina,
porque nada nunca termina.

No me pertenezco, la naturaleza regula mi existencia.

NI SIQUIERA
las alambradas de espinos
impedirán
que crezcan de nuevo
las amapolas en las cunetas.

Julio 2024.

ÍNDICE

Este libro se terminó de editar en Granada
en octubre de 2024 por

Aliarediciones

www.aliarediciones.es

info@aliarediciones.es